中国工程建设标准化协会标准

公路机制砂高性能混凝土技术规程

Technical Specification for Highway Manufactured-sand High-performance Concrete

T/CECS G:K50-30—2018

主编单位：贵州高速公路集团有限公司
　　　　　同济大学
批准部门：中国工程建设标准化协会
实施日期：2019 年 04 月 01 日

人民交通出版社股份有限公司

图书在版编目(CIP)数据

公路机制砂高性能混凝土技术规程：T/CECS G:K50-30—2018 / 贵州高速公路集团有限公司,同济大学主编. — 北京：人民交通出版社股份有限公司, 2018.12

ISBN 978-7-114-15261-0

Ⅰ. ①公… Ⅱ. ①贵… ②同… Ⅲ. ①道路工程—水泥混凝土路面—技术操作规程—中国 Ⅳ. ①U416.216-65

中国版本图书馆 CIP 数据核字(2018)第 294247 号

标准类型：	中国工程建设标准化协会标准
标准名称：	公路机制砂高性能混凝土技术规程
标准编号：	T/CECS G:K50-30—2018
主编单位：	贵州高速公路集团有限公司 同济大学
责任编辑：	李　沛　王海南
责任校对：	宿秀英
责任印制：	刘高彤
出版发行：	人民交通出版社股份有限公司
地　　址：	(100011)北京市朝阳区安定门外外馆斜街 3 号
网　　址：	http://www.ccpress.com.cn
销售电话：	(010)59757973
总 经 销：	人民交通出版社股份有限公司发行部
经　　销：	各地新华书店
印　　刷：	北京鑫正大印刷有限公司
开　　本：	880×1230　1/16
印　　张：	3
字　　数：	54 千
版　　次：	2019 年 1 月　第 1 版
印　　次：	2020 年 5 月　第 2 次印刷
书　　号：	ISBN 978-7-114-15261-0
定　　价：	35.00 元

(有印刷、装订质量问题的图书,由本公司负责调换)

中国工程建设标准化协会
公 告

第 377 号

关于发布《公路机制砂高性能混凝土技术规程》的公告

根据中国工程建设标准化协会《关于印发〈2016年第二批工程建设协会标准制定、修订计划〉的通知》(建标协字〔2016〕084号)的要求,按照中国工程建设标准化协会标准管理办法的相关规定,由本协会公路分会组织编制的《公路机制砂高性能混凝土技术规程》经审查通过,现批准发布,编号为 T/CECS G:K50-30—2018,自2019年4月1日起施行。

二〇一八年十月十八日

前 言

根据中国工程建设标准化协会《关于印发〈2016年第二批工程建设协会标准制定、修订计划〉的通知》(建标协字〔2016〕084号)的要求,由贵州高速公路集团有限公司和同济大学承担《公路机制砂高性能混凝土技术规程》(以下简称"本规程")的制定工作。

本规程是在进行广泛调查研究,总结近些年国内机制砂高性能混凝土应用经验,参考国内外有关标准、规范和规程,征求有关单位意见,对关键技术进行验证试验,并在工程应用基础上制定的。

本规程的主要内容包括总则、术语和符号、基本规定、原材料、技术性能、配合比设计、施工、质量检验与验收,以及附录A机制砂高性能混凝土集料碱活性检验与抑制技术措施、附录B球体类似度测试方法。

本规程基于通用的工程建设理论及原则编制,适用于本规程提出的应用条件。对于某些特定专项应用条件,使用本规程相关条文时,应对适用性及有效性进行验证。

本规程由中国工程建设标准化协会公路分会负责归口管理,由贵州高速公路集团有限公司和同济大学负责具体技术内容的解释。在执行过程中如有意见或建议,请函告本规程日常管理组,中国工程建设标准化协会公路分会(地址:北京市海淀区西土城路8号;邮编:100088;电话:010-62079839;传真:010-62079983;电子邮箱:shc@rioh.cn),或主编单位(1.贵州高速公路集团有限公司,地址:贵州省贵阳市开发大道1号贵州高速公路集团有限公司总工程师办公室,邮编:550004,电子邮箱:meisl001@qq.com;2.同济大学,地址:上海市曹安公路4800号,邮编:201804,电子信箱:tonew@126.com),以便修订时参考。

主 编 单 位:贵州高速公路集团有限公司
　　　　　　　同济大学
参 编 单 位:贵州省交通规划勘察设计研究院股份有限公司
　　　　　　　贵州省公路工程集团有限公司
　　　　　　　许昌德通振动搅拌技术有限公司
　　　　　　　广西路桥工程集团有限公司
　　　　　　　贵州桥梁建设集团有限责任公司
　　　　　　　中冶建筑研究总院有限公司
　　　　　　　云南建工集团有限公司
　　　　　　　中冶京诚工程技术有限公司

贵阳国华天成磷业有限公司
贵州石鑫玄武岩科技有限公司
贵州大学
贵州宏信创达工程检测咨询有限公司
中国七冶建设集团有限责任公司
贵州省水利投资(集团)有限责任公司
贵州建工集团有限公司
瓮福(集团)有限责任公司
贵州新天鑫化工有限公司

主　　　编：梅世龙　蒋正武
主要参编人员：覃　杰　吕晓舜　乔东华　母进伟　陈　庆　张良奇
　　　　　　　韩　玉　张胜林　杨　俊　郝挺宇　李昕成　张劲松
　　　　　　　廖卫红　吕卫东　高　山　谢明宇　张　平　樊新中
　　　　　　　赵庆林　张领先　何　荷　解　田　李文婷　何　飞
　　　　　　　欧阳男　党玉栋　曹新明　唐明英　任达成　任　强
　　　　　　　黄　帆　何光献　魏　东　李小峰　李好新　郭登林
　　　　　　　姚志刚　杨洪涛　杨和平　甘立炜
主　　　审：赵尚传
参与审查人员：付　智　钱觉时　田克平　吴　涤　王武祥　钟安鑫
　　　　　　　丁庆军

目　次

1 总则 …………………………………………………………………………… 1
2 术语和符号 …………………………………………………………………… 2
　2.1 术语 ……………………………………………………………………… 2
　2.2 符号 ……………………………………………………………………… 2
3 基本规定 ……………………………………………………………………… 4
4 原材料 ………………………………………………………………………… 5
　4.1 机制砂 …………………………………………………………………… 5
　4.2 粗集料 …………………………………………………………………… 9
　4.3 水泥 ……………………………………………………………………… 11
　4.4 矿物掺合料 ……………………………………………………………… 11
　4.5 外加剂 …………………………………………………………………… 12
　4.6 纤维材料 ………………………………………………………………… 12
　4.7 水 ………………………………………………………………………… 12
5 技术性能 ……………………………………………………………………… 14
　5.1 拌合物性能 ……………………………………………………………… 14
　5.2 力学性能 ………………………………………………………………… 14
　5.3 变形性能 ………………………………………………………………… 15
　5.4 耐久性能 ………………………………………………………………… 16
6 配合比设计 …………………………………………………………………… 17
　6.1 一般规定 ………………………………………………………………… 17
　6.2 机制砂高性能混凝土配合比设计方法与步骤 ………………………… 17
　6.3 一般环境混凝土配合比设计 …………………………………………… 20
　6.4 冻融环境混凝土配合比设计 …………………………………………… 21
　6.5 氯盐环境混凝土配合比设计 …………………………………………… 23
　6.6 硫酸盐环境混凝土配合比设计 ………………………………………… 24
7 施工 …………………………………………………………………………… 27
　7.1 原材料管理 ……………………………………………………………… 27
　7.2 拌制 ……………………………………………………………………… 28
　7.3 运输 ……………………………………………………………………… 29
　7.4 浇筑 ……………………………………………………………………… 29

7.5 振捣	30
7.6 养生	30
8 质量检验与验收	32
附录 A 机制砂高性能混凝土集料碱活性检验与抑制技术措施	33
A.1 试验方法和检验规则	33
A.2 技术措施	33
附录 B 球体类似度测试方法	35
本规程用词用语说明	37

1　总则

1.0.1　为促进和规范机制砂高性能混凝土在公路工程中的应用,保障机制砂高性能混凝土符合质量优良、技术先进、安全耐久、经济合理的要求,制定本规程。

1.0.2　本规程适用于公路工程混凝土结构使用的机制砂高性能混凝土。

1.0.3　机制砂高性能混凝土应考虑结构、材料及工程服役环境进行耐久性设计。

条文说明

现行各类标准或规范主要针对一般机制砂混凝土,很少考虑由环境作用引起材料性能劣化对结构耐久性带来的问题。混凝土耐久性不足,不仅会增加使用过程中的维修费用,影响工程的正常使用,而且会缩短结构的使用年限,造成严重的资源浪费。规范机制砂高性能混凝土设计和生产施工,能确保结构使用年限,有利于节约资源,符合国家可持续发展战略。针对机制砂高性能混凝土,本规程在一般耐久性设计的基础上,进一步规定了特殊环境条件下的耐久性设计。

1.0.4　机制砂高性能混凝土除应符合本规程的规定外,尚应符合国家和行业现行有关标准的规定。

条文说明

在实际工程中,本规程作出规定的,按本规程执行;为了减少与相关标准重复,未作出规定的,按给出的相关标准执行。本规程与相关标准、规范和规程是协调的。

2 术语和符号

2.1 术语

2.1.1 机制砂 manufactured sand
经除土处理,由机械破碎和筛分制成的、粒径不大于4.75mm的岩石颗粒,按技术指标分为Ⅰ类、Ⅱ类和Ⅲ类。

2.1.2 球体类似度 sphericity
表征砂颗粒与球体形状类似程度的指标,即同一颗粒在不同方向上的投影面积与其最小外接圆面积比值的平均值的3/2幂次方。

2.1.3 高品质机制砂 high-quality manufactured sand
球体类似度不小于0.60的Ⅰ类机制砂。

2.1.4 机制砂高性能混凝土 manufactured-sand high-performance concrete
采用机制砂为细集料制备的满足工程耐久性及其他特定性能需求的高性能混凝土。

条文说明

关于高性能混凝土的定义,《高性能混凝土评价标准》(JGJ/T 385—2015)给出如下定义:以建设工程设计、施工和使用对混凝土性能特定要求为总体目标,选用优质常规原材料,合理掺加外加剂和矿物掺合料,采用较低水胶比并优化配合比,通过预拌和绿色方式以及严格的施工措施,制成具有优异的拌合物性能、力学性能、耐久性能和长期性能的混凝土。高性能混凝土不是某类具体的混凝土,其满足工程耐久性的同时还应具有其他特定性能。机制砂高性能混凝土与传统高性能混凝土的最大区别在于采用机制砂作为细集料。因此提出以下定义:采用机制砂为细集料制备的满足工程耐久性及其他特定性能需求的高性能混凝土。

2.2 符号

A——试件受冻面积(m^2);
K_m——混凝土相对耐久性指数;

M——测定剥蚀质量(g);
m_a——每立方米混凝土的外加剂用量(kg/m³);
m_B——每立方米混凝土的胶凝材料用量(kg/m³);
m_b——每立方米混凝土的矿物掺合料用量(kg/m³);
m_c——每立方米混凝土的水泥用量(kg/m³);
m_g——每立方米混凝土的粗集料用量(kg/m³);
m_s——每立方米混凝土的机制砂用量(kg/m³);
m_w——每立方米混凝土的拌和用水量(kg/m³);
m_{cp}——每立方米混凝土拌合物的假定质量(kg/m³);
N——混凝土相对动弹模量下降至60%时冻融循环次数;
P——N次冻融循环后3个试件的相对动弹模量平均值(%);
Q——球体类似度;
Q_s——单位面积剥蚀量(g/m²);
W/B——水胶比;
β_a——外加剂掺量(%);
β_b——每立方米混凝土的矿物掺合料掺量;
β_s——砂率;
δ——混凝土配合比校正系数;
$\rho_{c,c}$——混凝土表观密度计算值(kg/m³);
$\rho_{c,t}$——混凝土表观密度实测值(kg/m³)。

3 基本规定

3.0.1 机制砂高性能混凝土的拌合物性能、力学性能、变形性能和耐久性等性能指标应满足工程设计和施工要求。

3.0.2 机制砂高性能混凝土可按照强度等级划分为：
1 普通强度机制砂高性能混凝土：强度等级 C60 以下。
2 高强机制砂高性能混凝土：强度等级 C60 及以上，且 C100 以下。
3 超高强机制砂高性能混凝土：强度等级 C100 及以上。

3.0.3 机制砂高性能混凝土应根据结构设计使用年限进行配合比设计。

条文说明

《公路工程混凝土结构防腐蚀技术规范》(JTG/T B07-01—2006)规定重要基础设施工程包括特大型桥涵、隧道、立交桥枢纽，二级以上公路和城市一般道路上的桥涵等；一般基础设施工程包括其他等级公路上的桥涵和其他基础设施工程等，且该规程规定一般基础设施工程的耐久性设计使用年限为50年，重要基础设施工程的耐久性设计使用年限为100年。因路面混凝土的特殊性，本规程未考虑路面混凝土，因此，路面混凝土可参考《公路水泥混凝土路面设计规范》(JTG D40—2011)和《公路工程技术标准》(JTG B01—2014)，对路面工程进行了设计使用年限的规定，根据公路等级，将高速公路和一级公路、二级公路、三级公路以及四级公路设计使用年限分别规定为30年、20年、15年、10年。

3.0.4 集料应进行碱活性检验，机制砂高性能混凝土不得使用具有碱-碳酸盐反应活性的集料；当集料存在潜在碱-硅酸反应危害时，必须采取抑制措施并通过试验验证后方可使用。检验方法和抑制措施应按本规程附录A的规定执行。

条文说明

集料包括机制砂和粗集料。与粗集料相同，机制砂由不同岩性母岩破碎而成，可能存在碱活性，可能对混凝土存在潜在危害。因此，有必要对粗集料和机制砂进行碱活性检验，以抑制碱-集料反应。

3.0.5 除常规原材料适应性试验外，机制砂与外加剂、掺合料间尚应进行适应性试验。

4 原材料

4.1 机制砂

4.1.1 机制砂宜采用先进生产工艺生产。

4.1.2 机制砂的母岩岩性应均一,碱活性应满足要求,抗压强度不宜低于75MPa。

条文说明

鉴于规模生产的砂石场同时生产机制砂和碎石,为保证砂、石集料具有足够的强度以满足混凝土强度等性能的需求,使料场生产的砂、石产品能得到最大范围的应用,生产机制砂的母岩抗压强度不宜低于75MPa。

4.1.3 Ⅰ类机制砂宜用于强度等级大于或等于C60的混凝土,Ⅱ类机制砂宜用于强度等级大于C30、小于C60的混凝土,Ⅰ类机制砂和Ⅱ类机制砂均宜用于有抗冻抗渗要求的混凝土,Ⅲ类机制砂宜用于强度等级小于或等于C30的混凝土。

条文说明

机制砂特性对机制砂高性能混凝土的性能影响十分显著,参考《公路工程 水泥混凝土用机制砂》(JT/T 819—2011)对三类机制砂适用的混凝土类型进行了规定。

4.1.4 机制砂的细度模数应符合表4.1.4的规定。

表4.1.4 机制砂的细度模数

级 别	细度模数	级 别	细度模数
中砂	2.3~3.0	粗砂	3.1~3.7

条文说明

参考《公路工程 水泥混凝土用机制砂》(JT/T 819—2011),机制砂根据细度模数分为中砂和粗砂两种。

4.1.5 机制砂的颗粒级配与级配类别应符合表4.1.5-1和表4.1.5-2的规定。除

4.75mm和0.60mm筛孔外,其余筛孔上机制砂的累计筛余量允许超出分界线,但超出总量不应大于5%。

表4.1.5-1 机制砂的颗粒级配

筛孔尺寸(mm)	累计筛余量(%)		
	1区	2区	3区
9.5	0	0	0
4.75	0~10	0~10	0~10
2.36	5~35	0~25	0~15
1.18	35~65	10~50	0~25
0.60	71~85	41~70	16~40
0.30	80~95	70~92	55~85
0.15	85~97	80~94	75~94

表4.1.5-2 级配类别

项目	Ⅰ类	Ⅱ类	Ⅲ类
级配区	2区	1、2、3区	

条文说明

《建设用砂》(GB/T 14684—2011)规定了机制砂的颗粒级配并进行了分类。由于机制砂的生产工艺,机制砂往往不能完全落入规定的上下限范围内。因此,除4.75mm和0.60mm筛孔外,机制砂的实际颗粒级配与表4.1.5-1所列的累积筛余量相比,允许稍有超出分界线,但超出总量不应大于5%。

4.1.6 机制砂的石粉含量和泥块含量应符合表4.1.6的规定。

表4.1.6 机制砂的石粉含量和泥块含量(%)

项目		Ⅰ类	Ⅱ类	Ⅲ类
公路工程结构物（路面除外）	MB值<1.4或合格	≤7	≤10	≤12
	MB值≥1.4或不合格	≤4	≤5	≤7
路面	MB值<1.4或合格	≤5	≤8	≤10
	MB值≥1.4或不合格	≤4	≤5	≤7
泥块含量		0	≤0.5	≤1.0

条文说明

机制砂生产过程中容易引入泥块,且产生大量的石粉。石粉含量对混凝土的新拌和硬化性能影响显著,较高的泥块含量与外加剂不相适应,因此需对机制砂石粉含量和泥块含量指标进行严格控制。大量研究表明,在控制泥块含量的前提下,石粉在一定范围内对混凝土性能提升是有利的。在参考《人工砂混凝土应用技术规程》(JGJ/T 241—2011)、《贵州省高速公路机制砂高性能混凝土技术规程》(DBJ52/T 072—2015)、《机制砂及机制砂混凝土应用技术规范》(DB 45/T 1621—2017)和《预拌机制砂混凝土生产及施工技术规程》(DBJ/T 13-116—2015)等标准的基础上,同时基于环境保护角度,本规程在控制泥块含量的前提下,在《公路工程 水泥混凝土用机制砂》(JT/T 819—2011)基础上适当放宽石粉含量。

4.1.7 Ⅰ类机制砂不应具有碱活性,Ⅱ类和Ⅲ类机制砂不应具有碱-碳酸盐反应活性。

4.1.8 机制砂的坚固性和压碎指标应满足表4.1.8的要求。

表4.1.8 机制砂的坚固性与压碎指标(%)

指 标	Ⅰ 类	Ⅱ 类	Ⅲ 类
坚固性	≤6.0	≤8.0	≤10.0
压碎指标	≤20	≤25	≤30

4.1.9 机制砂的表观密度应大于2 500kg/m³,松散堆积密度宜大于1 400kg/m³,空隙率宜小于45%。

4.1.10 机制砂中的云母、轻物质、硫化物及硫酸盐、有机物和氯离子含量应符合表4.1.10的规定。

表4.1.10 机制砂中有害物质限量

序 号	指 标	Ⅰ 类	Ⅱ 类	Ⅲ 类
1	云母含量(%)	≤1.0	≤2.0	
2	轻物质含量(%)	≤1.0		
3	硫化物及硫酸盐含量(折算成SO_3,%)	≤0.5		
4	有机物含量	合格		
5	氯离子含量(%)	≤0.01	≤0.02	≤0.06

注:1. 表中含量均为质量百分比。
    2. 有抗冻、抗渗、高强度要求的混凝土,机制砂中云母含量不应大于1.0%。
    3. 机制砂中如发现含有颗粒状的硫化物或硫酸盐杂质时,应进行专门检验,确认能满足混凝土耐久性要求时,方能使用。

条文说明

条文4.1.8～4.1.10参考《公路工程 水泥混凝土用机制砂》(JT/T 819—2011)对机制砂坚固性、压碎指标、表观密度、堆积密度和空隙率进行了规定,参考《建设用砂》

（GB/T 14684—2011）对机制砂中云母、轻物质、硫化物及硫酸盐、有机物及氯离子含量进行了规定。

4.1.11 Ⅰ类机制砂根据球体类似度可分为高品质机制砂（球体类似度≥0.60）和普通机制砂（球体类似度<0.60）。

条文说明

针对不同工程的更高施工要求及机制砂粒形对混凝土性能的明显影响，有必要对机制砂提出更高的要求，本规程提出高品质机制砂概念，将Ⅰ类机制砂进一步分为普通机制砂和高品质机制砂。高品质机制砂除应满足Ⅰ类机制砂的性能指标外，球体类似度应大于或等于0.60。球体类似度可在一定程度上反映颗粒粒形与球体的相似程度，普通机制砂、高品质机制砂、河砂的球体类似度统计数值见表4-1。

表4-1 细集料球体类似度

细集料类型	单颗颗粒球体类似度										平均值
普通机制砂	0.43	0.48	0.64	0.50	0.50	0.56	0.62	0.55	0.54	0.61	0.52
	0.46	0.51	0.38	0.55	0.49	0.52	0.56	0.50	0.52	0.47	
高品质机制砂	0.70	0.64	0.56	0.73	0.62	0.74	0.62	0.62	0.66	0.60	0.63
	0.62	0.58	0.63	0.60	0.59	0.56	0.68	0.61	0.53	0.68	
河砂	0.65	0.46	0.80	0.51	0.73	0.65	0.64	0.61	0.56	0.68	0.62
	0.64	0.57	0.74	0.50	0.61	0.58	0.62	0.65	0.57	0.63	

4.1.12 高强机制砂高性能混凝土宜采用高品质机制砂，超高强机制砂高性能混凝土应采用高品质机制砂。

条文说明

粒形对混凝土性能具有显著影响，如表4-2所示，球体类似度的增大可一定程度提高机制砂高性能混凝土的坍落扩展度和28d强度。

表4-2 相同配合比下不同球体类似度的机制砂高性能混凝土坍落扩展度和28d强度

机制砂球体类似度	坍落扩展度（mm）			28d强度（MPa）		
	C60	C80	C100	C60	C80	C100
0.54	630	570	505	64	84	96
0.60	670	575	540	71.3	91.9	104
0.63	685	635	565	72.4	98.1	117

4.1.13 机制砂的检测项目和试验方法应符合表 4.1.13 的规定。

表 4.1.13 机制砂的检测项目与试验方法

序 号	检 测 项 目	试 验 方 法
1	岩石抗压强度	JTG E41
2	细度模数	JTG E42(T 0327)
3	颗粒级配	JTG E42(T 0327)
4	泥块含量	JTG E42(T 0335)
5	亚甲蓝(MB)值	JTG E42(T 0349)
6	石粉含量	JTG E42(T 0333、T 0349)
7	碱活性	JTG E42(T 0325)
8	坚固性	JTG E42(T 0340)
9	压碎指标	JTG E42(T 0350)
10	表观密度	JTG E42(T 0328)
11	堆积密度、紧装密度	JTG E42(T 0331)
12	吸水率	JTG E42(T 0330)
13	有害物质含量	JTG E42(T 0336、T 0337、T 0338)
14	碱-硅酸反应活性	JGJ 52
15	碱-碳酸盐反应活性	JGJ 52
16	氯离子含量	GB/T 14684
17	球体类似度	本规程附录 B

4.2 粗集料

4.2.1 宜采用两个或三个粒级的粗集料混合配制连续级配粗集料,且混合前的单粒级粗集料级配应符合表 4.2.1 的规定。

表 4.2.1 单粒级粗集料级配范围

公称粒级(mm)	方孔筛边长(mm)							
	2.36	4.75	9.5	16.0	19.0	26.5	31.5	37.5
	累计筛余(%)							
5~10	95~100	80~100	0~15	0	—	—	—	—
10~16	—	95~100	80~100	0~15	—	—	—	—
10~20	—	95~100	85~100	—	0~15	0	—	—
16~25	—	—	95~100	55~70	25~40	0~10	—	—
16~31.5	—	95~100	—	85~100	—	—	0~10	0

4.2.2 连续级配的粗集料级配范围应符合表4.2.2的规定。

表4.2.2 连续级配的粗集料级配范围

公称粒级(mm)	方孔筛边长(mm)							
	2.36	4.75	9.5	16.0	19.0	26.5	31.5	37.5
	累计筛余(%)							
5~16	95~100	85~100	30~60	0~10	0	—	—	—
5~20	95~100	90~100	40~80	—	0~10	0	—	—
5~25	95~100	90~100	—	30~70	—	0~5	0	—
5~31.5	95~100	90~100	70~90	—	15~45	—	0~5	0

4.2.3 用于水泥混凝土路面的粗集料应符合现行《公路水泥混凝土路面施工技术细则》(JTG/T F30)的规定。

4.2.4 粗集料的检测项目、指标及试验方法应按表4.2.4的规定执行。

表4.2.4 粗集料的检测项目、指标及试验方法

序号	检测项目	指标	试验方法
1	岩石强度	用于C60及以上强度等级混凝土的粗集料母岩强度宜大于1.5倍混凝土设计强度	JGJ 52
2	级配	见本规程第4.2.1条、第4.2.2条的规定	JTG E42(T 0302)
3	压碎指标	≤12%	GB/T 14685
4	含泥量	≤1%	JTG E42(T 0310)
5	泥块含量	≤0.5%	JTG E42(T 0310)
6	针片状颗粒含量	泵送混凝土：<5.0% 非泵送混凝土：<8.0%	JTG E42(T 0311、T 0322)
7	坚固性	5次循环后的质量损失≤5%	JTG E42(T 0314)
8	碱活性	试件无裂缝、酥裂、胶体外溢等现象,在规定龄期内的试件膨胀率应小于0.10%	JGJ 52
9	硫化物或硫酸盐	≤1%,如含有颗粒状硫化物或硫酸盐,应进行混凝土耐久性试验,满足要求时方可使用	JGJ 52

条文说明

《建设用卵石、碎石》(GB/T 14685—2011)和《公路工程集料试验规程》(JTG E42—2005)对粗集料压碎值(或压碎指标)的测试方法给出了不同的规定,且《公路工程集料试验规程》(JTG E42—2005)测试方法较为严格。本规程参考《建设用卵石、碎石》(GB/T 14685—2011)对测试方法进行了规定,且对压碎指标进行了不应大于12%的规定。粗集

料含泥量和泥块含量符合《公路桥涵施工技术规范》(JTG/T F50—2011)的相关规定。《公路桥涵施工技术规范》(JTG/T F50—2011)规定高强混凝土用粗集料的针片状颗粒含量应小于5.0%,对机制砂高强混凝土的泵送性能非常有利。但对非泵送机制砂高性能混凝土,针片状颗粒含量在8.0%以内影响不大。《普通混凝土用砂、石质量标准及检验方法》(JGJ 52—2006)对针片状颗粒含量控制较宽,C30~C55为不大于15%;C60以上为不大于8.0%;另外,《建设用卵石、碎石》(GB/T 14685—2011)放得更宽,不赘述。因此,即便本规程规定非泵送机制砂高性能混凝土针片状颗粒含量小于8.0%,仍是较严的。硫化物或硫酸盐、坚固性指标参考《公路桥涵施工技术规范》(JTG/T F50—2011)而提出。

4.3 水泥

4.3.1 水泥应符合现行《通用硅酸盐水泥》(GB 175)的规定,强度等级不宜低于42.5。

4.3.2 桥涵工程水泥应符合现行《公路桥涵施工技术规范》(JTG/T F50)的规定,路面工程水泥应符合现行《道路硅酸盐水泥》(GB 13693)的规定。

4.4 矿物掺合料

4.4.1 矿物掺合料的分类、最大掺量及性能指标宜符合表4.4.1的规定,适宜掺量应经试验验证后确定,且应注明主要组分。

表4.4.1 矿物掺合料分类、最大掺量及性能指标

分 类		最大掺量*(%)	使 用 规 定	性能指标应符合标准的规定
活性掺合料	粉煤灰	30	宜采用I级粉煤灰,可允许细度,需水量比和烧失量三项指标中有一项为II级粉煤灰指标	现行《用于水泥和混凝土中的粉煤灰》(GB/T 1596)
	粒化高炉矿渣粉	40	宜与粉煤灰复合使用	现行《用于水泥和混凝土中的粒化高炉矿渣粉》(GB/T 18046)
	粒化电炉磷渣粉	30	宜与粉煤灰复合使用	现行《混凝土用粒化电炉磷渣粉》(JG/T 317)
	硅灰	10	—	
惰性掺合料	石灰石粉	20		现行《矿物掺合料应用技术规范》(GB/T 51003)、《高强高性能混凝土用矿物外加剂》(GB/T 18736)
	硅灰石粉和其他惰性硅质或钙质细粉掺合料			
复合掺合料		—	比表面积宜大于400m²/kg	

注:*表中掺量均为等质量取代水泥的百分比。

条文说明

在机制砂高性能混凝土中掺入适量、符合质量要求的矿物掺合料,有利于改善混凝土的技术性能和经济性。粉煤灰、粒化高炉矿渣粉和粒化电炉磷渣粉已有相应的产品标准;磨细粉煤灰可按现行《用于水泥和混凝土中的粉煤灰》(GB/T 1596)的规定执行。单掺粒化高炉矿渣粉或粒化电炉磷渣粉的混凝土性能不及与粉煤灰复合使用的性能,尤其是施工性能。对于机制砂高性能混凝土来说,使用的矿物掺合料范围更广,不仅可使用活性矿物掺合料,而且也可使用惰性矿物掺合料。复合掺合料一般含有惰性掺合料,控制一定细度,有利于混凝土工作性与长期耐久性。

4.4.2 本规程未做规定的其他矿物掺合料经过试验验证后,方可使用,掺量应经试验确定。

条文说明

考虑到各地地材各具特色,因此对于本规程规定范围外的其他矿物掺合料需经过试验验证后,方可使用,试验验证内容和性能指标应根据工程需求确定。

4.4.3 矿物掺合料的放射性核素限量应符合现行《建筑材料放射性核素限量》(GB 6566)的规定。

4.5 外加剂

4.5.1 公路机制砂高性能混凝土外加剂应符合现行《公路工程混凝土外加剂》(JT/T 523)和《混凝土外加剂应用技术规范》(GB 50119)的规定。

4.5.2 外加剂应与胶凝材料及石粉相适应,其种类和掺量应经试验确定。

4.6 纤维材料

4.6.1 纤维材料应符合现行《纤维混凝土应用技术规程》(JGJ/T 221)的规定,水泥混凝土路面与桥面使用的纤维品种及掺量等应符合现行《公路水泥混凝土路面施工技术细则》(JTG/T F30)的规定。

4.6.2 纤维材料的品种、直径、长度、长径比和掺量应根据混凝土性能要求进行试验确定。

4.7 水

4.7.1 机制砂高性能混凝土拌和用水和养生用水应符合现行《混凝土用水标准》(JGJ

63)的规定,且 pH 值应大于 6.0。

条文说明

调研和验证试验表明,所检验的具有代表性的 6 个水样的 pH 值 4 个为 7.0,另外 2 个分别为 6.8 和 6.9。采用 pH 值大于 6.0 的水是有益的,也是可行的。

4.7.2 混凝土拌和用水和养生用水严禁使用海水。

5 技术性能

5.1 拌合物性能

5.1.1 混凝土拌合物性能应根据工程需求确定,试验方法应按现行《公路工程水泥及水泥混凝土试验规程》(JTG E30)的规定执行。

5.1.2 机制砂高性能混凝土拌合物的坍落度、坍落度经时损失值、凝结时间、抗离析性和泌水宜符合表5.1.2的规定;路面水泥混凝土的坍落度应符合现行《公路水泥混凝土路面施工技术细则》(JTG/T F30)的规定。

表5.1.2 拌合物性能技术要求

项 目	泵 送	非 泵 送	
		商品搅拌站	现场搅拌站
坍落度(mm)	160~250	90~150	50~90
坍落度经时损失值(mm/h)	≤30	—	—
凝结时间(h)	满足工程要求		
抗离析性和泌水	无离析和泌水		

注:1. 对于泵送高度较低者,坍落度宜接近范围下限;对于泵送高度较高者,坍落度宜接近范围上限。
  2. 商品搅拌站生产包括搅拌运输车运送过程。

条文说明

对于泵送机制砂高性能混凝土,试验研究和工程实践表明,若在给出的坍落度和坍落度损失范围内,且不离析、不泌水,即能较好地满足泵送施工要求和硬化混凝土性能。

对于由商品搅拌站生产的非泵送机制砂高性能混凝土,需采用搅拌运输车运输,出料的最低坍落度约为90mm,否则出料困难。另外,由于调度、运输、泵送前压车等情况的影响,坍落度需有一定的富余。而对于现场预拌混凝土搅拌站生产的混凝土,不存在商品搅拌站存在的上述情况,且控制水平也略低,坍落度满足浇筑成型工艺要求即可。路面混凝土对坍落度要求较低,且基于提高混凝土抗裂角度考虑,对路面混凝土坍落度进行了单独规定,按现行《公路水泥混凝土路面施工技术细则》(JTG/T F30)的规定执行。

5.2 力学性能

5.2.1 机制砂高性能混凝土强度标准值、强度设计值、抗弯拉强度、弹性模量应满足工程设计要求,试验方法应按现行《公路工程水泥及水泥混凝土试验规程》(JTG E30)的规定执行。

5.2.2 机制砂高性能混凝土的强度等级按 150mm×150mm×150mm 立方体 28d 抗压强度标准值确定。当混凝土中矿物掺合料掺量大于 30% 时,宜采用 56d 龄期的试验结果对其进行强度评定。

5.2.3 抗压强度的评定应按现行《公路工程质量检验评定标准 第一册 土建工程》(JTG F80/1)、《混凝土强度检验评定标准》(GB/T 50107)的规定执行,并满足设计要求。

5.2.4 用于路面的机制砂高性能混凝土的 28d 抗弯拉强度应根据交通荷载重、中等和轻三个等级分别要求不低于 5.0MPa、4.5MPa、4.0MPa,且满足设计要求。

条文说明

路面混凝土应重点关注混凝土的弯拉强度,参照《公路水泥混凝土路面设计规范》(JTG D40—2011)的相关规定对不同交通荷载下的路面用机制砂高性能混凝土的 28d 抗弯拉强度进行了规定。

5.3 变形性能

5.3.1 机制砂高性能混凝土早期抗裂性能应符合表 5.3.1 的规定,试验应按现行《普通混凝土长期性能和耐久性能试验方法标准》(GB/T 50082)的规定执行。

表 5.3.1 机制砂高性能混凝土早期抗裂性能(mm^2/m^2)

混凝土强度等级	氯盐环境 设计使用年限		其他环境 设计使用年限	
	100 年	50 年	100 年	50 年
<C30	≤200	≤400	≤400	≤700
≥C30, <C60	≤200	≤400	≤400	≤700
≥C60	≤100	≤200	≤100	≤400

5.3.2 机制砂高性能混凝土的收缩率宜符合表 5.3.2 的规定,试验方法应按现行《普通混凝土长期性能和耐久性能试验方法标准》(GB/T 50082)的规定执行。

表 5.3.2 机制砂高性能混凝土的收缩率限值

混凝土强度等级	≤C60	>C60, ≤C100
90d 收缩率($\times 10^{-4}$)	≤4.00	≤5.00

条文说明

结合《贵州省高速公路机制砂高性能混凝土技术规程》(DBJ52/T 072—2015),对

C60 及以下、大于 C60 且不大于 C100 等级混凝土的 90d 收缩率进行了规定。90d 收缩率分别不超过 4.00×10^{-4} 和 5.00×10^{-4}。

5.4 耐久性能

5.4.1 不同环境下的机制砂高性能混凝土耐久性评价项目和试验方法应按表 5.4.1 的规定。

表 5.4.1 不同环境下的机制砂高性能混凝土耐久性评价项目

环 境 类 别	混凝土耐久性评价项目	试 验 方 法
一般环境	抗碳化性、电通量	《普通混凝土长期性能和耐久性能试验方法标准》(GB/T 50082)
冻融环境	相对耐久性指数、单位面积剥蚀量	
氯盐环境	电通量、氯离子扩散系数	
硫酸盐环境	电通量、抗蚀系数	

注:一般环境系指无冻融、氯化物和其他化学腐蚀物质作用的环境。

条文说明

本规程将耐久性作为机制砂高性能混凝土设计的重要目标,本条根据《混凝土结构耐久性设计规范》(GB/T 50476—2008)和《公路工程混凝土结构防腐蚀技术规范》(JTG/T B07-01—2006)提出了不同典型环境下相应的多种不同评价项目,以保证混凝土具有良好的耐久性。

5.4.2 机制砂高性能混凝土除应对本规程 5.4.1 提出的耐久性项目进行评价外,尚应对设计提出要求的耐久性项目进行评价。

6 配合比设计

6.1 一般规定

6.1.1 机制砂高性能混凝土配合比在满足力学性能要求的基础上,尚应按实际服役环境进行分类设计。

条文说明
混凝土服役寿命与实际环境密切相关,不同的服役环境对机制砂高性能混凝土的耐久性具有不同的劣化作用,在进行常规的机制砂高性能混凝土配合比设计的同时,应基于实际服役环境特征进行针对性的配合比设计。

6.1.2 配合比设计应考虑应用结构特点、施工工艺以及环境条件等因素。应根据混凝土拌合物性能、力学性能、变形性能和耐久性能要求设计初始配合比。设计初始配合比应经试验室试配、调整后,得出满足拌合物性能要求的基准配合比,经力学性能、变形性能和耐久性能指标复核,并经试生产检验满足要求后确定工程配合比。

条文说明
目前,混凝土应用结构特点、施工工艺以及环境条件对混凝土提出了多样化的性能需求,配合比设计过程中仅针对力学性能进行试验显然是不够的,还应针对拌合物性能、变形性能和耐久性能需求进行设计。

6.1.3 当集料存在碱-集料反应活性时,机制砂高性能混凝土配合比尚应满足本规程附录 A 的相关规定。

6.2 机制砂高性能混凝土配合比设计方法与步骤

6.2.1 普通强度机制砂高性能混凝土与高强机制砂高性能混凝土的混凝土配合比设计方法应按本节规定执行,超高强机制砂高性能混凝土的配合比宜通过试验确定。

6.2.2 机制砂高性能混凝土配制强度应符合下列要求:
  1 普通强度机制砂高性能混凝土配制强度的确定按式(6.2.2-1)计算:

$$f_{cu,0} \geq f_{cu,k} + 1.645\sigma \tag{6.2.2-1}$$

2 高强机制砂高性能混凝土配制强度的确定按式(6.2.2-2)计算：

$$f_{cu,0} \geq 1.15 f_{cu,k} \tag{6.2.2-2}$$

式中：$f_{cu,0}$——混凝土配制强度(MPa)；

$f_{cu,k}$——混凝土立方体抗压强度标准值，取混凝土设计强度等级值(MPa)；

σ——混凝土强度标准差(MPa)。当有统计数据时，取实际计算值；当无统计数据时，取5.0MPa。

条文说明

关于强度标准差σ的取值，《普通混凝土配合比设计规程》(JGJ 55—2011)中对不大于C20、C25~C45、C50~C55三类等级强度混凝土的σ分别规定为4.0MPa、5.0MPa和6.0MPa，由于本规程强度等级划分与该规程不一致，因此在参考《高性能混凝土应用技术规程》(CECS 207—2006)中4.5MPa的规定的同时，结合机制砂混凝土强度波动大的特征，做出了如下规定：当有统计数据时，取实际计算值；当无统计数据时，取5.0MPa。

6.2.3 C30及以下强度等级混凝土的胶凝材料总量不宜高于400kg/m³，C35~C55强度等级混凝土的胶凝材料总量不宜高于500kg/m³，C60及以上强度等级混凝土的胶凝材料总量不宜高于600kg/m³。

6.2.4 初始配合比计算应符合下列规定。

1 配合比计算宜采用质量法，即按质量进行计算。

2 每立方米混凝土用水量m_w(kg/m³)应包括液体外加剂中的水，并应按式(6.2.4-1)计算：

$$m_w = m_B \times W/B \tag{6.2.4-1}$$

式中：m_B——每立方米混凝土胶凝材料用量(kg/m³)，应符合现行《普通混凝土配合比设计规程》(JGJ 55)的规定；

W/B——水胶比，应符合现行《普通混凝土配合比设计规程》(JGJ 55)的规定。

3 每立方米混凝土外加剂用量m_a(kg/m³)应按式(6.2.4-2)计算：

$$m_a = m_b \beta_a \tag{6.2.4-2}$$

式中：β_a——外加剂掺量(%)，应经混凝土试验确定。

4 每立方米混凝土水泥用量m_c(kg/m³)应按式(6.2.4-3)计算：

$$m_c = m_B \times (1 - \beta_b) \tag{6.2.4-3}$$

式中：β_b——矿物掺合料掺量，应符合现行《普通混凝土配合比设计规程》(JGJ 55)的规定。

5 每立方米混凝土矿物掺合料用量m_b(kg/m³)应按式(6.2.4-4)计算：

$$m_b = m_B \times \beta_b \tag{6.2.4-4}$$

6 每立方米混凝土机制砂用量m_s(kg/m³)和粗集料用量m_g(kg/m³)应按式(6.2.4-5)和式(6.2.4-6)计算：

$$m_c + m_b + m_s + m_g + m_w = \rho_{c,c} \qquad (6.2.4\text{-}5)$$

$$\beta_s = \frac{m_s}{m_s + m_g} \qquad (6.2.4\text{-}6)$$

式中:β_s——砂率,应符合现行《普通混凝土配合比设计规程》(JGJ 55)的规定;

$\rho_{c,c}$——混凝土拌合物的假定表观密度(kg/m^3),其值可取 2 400 ~ 2 550 kg/m^3。

条文说明

对于机制砂混凝土,采用质量法计算配合比比较简易和准确,若采用绝对体积法计算配合比,则有关材料的计算参数(如材料密度等)需经专门试验加以确定,条件和时间通常不能保证,若直接采用经验密度值等作为计算参数,则代表性不足,计算误差较大。

配合比计算中集料应以干燥状态质量为基准。干燥状态集料即指机制砂含水率小于 0.5% 和粗集料含水率小于 0.2% 的状态。因机制砂高性能混凝土需要满足耐久性要求,其密实度较大,故取假定表观密度为 2 400 ~ 2 550 kg/m^3,强度等级越高或集料表观密度越大,则取值越接近上限,反之亦然。

6.2.5 配合比的试配应采用工程实际使用的原材料,每盘混凝土试配方量不应小于 20L。试配、调整、检验与确定可按下述步骤进行:

1 根据设计要求的混凝土强度等级,混凝土拌合物性能调试应符合本规程第 6.2.4 条的规定,拌合物性能按本规程表 5.1.2 的规定取值,初步调试出合适的砂率、外加剂掺量。

2 结合前一步拌合物调试出的砂率、外加剂掺量,各组配合比的砂率、矿物掺合料掺量和外加剂掺量根据参数的不同再进行相应的调整。

3 对试配结果进行对比分析,从中选取混凝土拌合物性能、28d 抗压强度、耐久性指标和经济性俱佳的配合比。

4 应对每立方米原材料用量进行校正。校正系数 δ 应按式(6.2.5)计算,配合比中每项原材料用量均应乘以 δ,作为基准配合比最终材料用量。

$$\delta = \frac{\rho_{c,t}}{\rho_{c,c}} \qquad (6.2.5)$$

式中:$\rho_{c,t}$——混凝土表观密度实测值(kg/m^3)。

5 应对混凝土 28d 抗压强度进行复验:采用基准配合比配制 3 盘混凝土,每盘制作 3 组混凝土试件,9 组试件的 28d 抗压强度平均值应大于试配强度,最低值应大于 0.95 倍试配强度。

6 在进行 28d 抗压强度复验的同时,应进行设计要求的混凝土耐久性能和其他性能试验,试验结果应满足设计要求。

7 结合搅拌站试生产,对基准配合比进行生产适应性调整,最终确定工程配合比。

条文说明

(1)每盘试配混凝土量太少会影响试验结果的准确性。

（2）给出的步骤与当前混凝土试配过程原理基本相同,需要加以改善的是,采用工程实际原材料对水胶比和强度关系进行直接试验分析;相应的胶凝材料用量(包括水泥用量)试验同时进行。这样便于对比和选定配合比参数,减少试验周期。经过对此步骤进行验证试验研究,证明适用于机制砂高性能混凝土。

第一步,进行试配的初步试探,调试混凝土拌合物性能,如可行,即可据此展开试配,如不可行,则需分析材料原因。调试混凝土拌合物性能可对原材料及其配合比可行性做出基本判断。如果各项原材料质量满足本规程要求,应比较易于调出相对合适的砂率和外加剂掺量。

第二步,在调试混凝土拌合物性能的基础上,对于不同强度等级的混凝土,应取3个水胶比和3个胶凝材料用量组合为9个配合比,矿物掺合料暂取上限偏于安全,同时可取消一个低水胶比和低胶凝材料用量相组合的配合比(拌合物泵送性能较差),共8个配合比。

关于这8个不同的配合比,应对前一步骤拌合物调试的砂率和外加剂掺量做相应的调整:胶凝材料用量提高的砂率略减,反之亦然;水胶比提高的外加剂百分掺量可略减,反之亦然。

如有必要,宜采用4个水胶比和4个胶凝材料用量进行试配组合;在有工程经验和技术资料的情况下,试配组合可简化。

第三步,结果出来并分析后,尚应进一步压缩范围调整完善,包括调整矿物掺合料。

第四步,进行校正,以保证混凝土方量准确。

第五步和第六步十分重要。以往试配和确定配合比的试验过程和内容相对于工程的规模和重要性明显不足,因此,需加强强度复验和耐久性试验。

基准配合比最终确定并用于施工,需由试验室落实到搅拌站生产线,且需进行适应性调整。

6.3 一般环境混凝土配合比设计

6.3.1 一般环境下满足耐久性要求的混凝土强度等级不应低于C25。

6.3.2 一般环境下机制砂高性能混凝土28d电通量和碳化深度宜符合表6.3.2的规定,试验应按现行《普通混凝土长期性能和耐久性能试验方法标准》(GB/T 50082)的规定执行。对矿物掺合料掺量大于30%的混凝土,宜采用56d测试值进行评价。

表6.3.2 一般环境下机制砂高性能混凝土电通量和碳化深度

混凝土强度等级	设计使用年限			
	100年		50年	
	电通量(C)	碳化深度(mm)	电通量(C)	碳化深度(mm)
<C30	≤2 000	≤10	≤2 500	≤20
≥C30,<C60	≤1 500		≤2 000	
≥C60	≤1 000		<1 500	

条文说明

28d电通量是评价混凝土耐久性好坏的重要指标,而一般环境下混凝土的主要环境作用为碳化作用,因此也对一般环境下机制砂高性能混凝土的碳化深度进行了规定。

6.3.3 一般环境下机制砂高性能混凝土的最大水胶比和最小胶凝材料用量应符合表6.3.3的规定。

表6.3.3 一般环境下机制砂高性能混凝土的最大水胶比和最小胶凝材料用量

混凝土强度等级	设计使用年限			
	100年		50年	
	最大水胶比	最小胶凝材料用量(kg/m³)	最大水胶比	最小胶凝材料用量(kg/m³)
<C30	0.55	280	0.60	260
≥C30,<C60	0.45	400	0.50	380
≥C60	0.35	500	0.40	450

6.4 冻融环境混凝土配合比设计

6.4.1 冻融环境下满足耐久性要求的机制砂高性能混凝土强度等级不应低于C30。

6.4.2 机制砂高性能混凝土抗冻性能应按现行《普通混凝土长期性能和耐久性能试验方法》(GB/T 50082)规定的快冻法测试。混凝土抗冻耐久性指数按式(6.4.2)计算,具体指标应符合表6.4.2的规定。

$$K_m = \frac{PN}{300} \quad (6.4.2)$$

式中:K_m——混凝土抗冻耐久性指数;

N——混凝土相对动弹模量下降至60%以下时的冻融循环次数;

P——经N次冻融循环后3个试件的相对动弹模量平均值(%)。

表6.4.2 机制砂高性能混凝土的抗冻性要求

环境条件	冻融循环次数	抗冻耐久性指数
微冻地区	所要求的冻融循环次数	<0.60
寒冷地区	≥300	≥0.60,<0.80
严寒地区	≥300	≥0.80

注:参考《混凝土结构耐久性设计规范》(GB 50467—2008)的规定,根据最冷月的平均气温t,冻融环境作用等级可分成微冻条件(−3℃≤t≤2.5℃)、寒冷条件(−8℃<t<−3℃)和严寒条件(t≤−8℃)。

条文说明

参考《高性能混凝土应用技术规程》(CECS 207—2006),对机制砂高性能混凝土的抗冻性进行了规定。

6.4.3 对于受除冰盐冻融作用的公路工程混凝土,还应测定单位面积剥蚀量 Q_s 来定量评价其抗盐冻性能。应保证盐冻环境下混凝土在工程设计的冻融循环次数内满足 Q_s 不大于 $1\,000\,g/m^2$ 的要求。

$$Q_s = \frac{M}{A} \quad (6.4.3)$$

式中:Q_s——单位面积剥蚀量(g/m^2);
　　　M——测定剥蚀质量(g);
　　　A——试件受冻面积(m^2)。

条文说明

混凝土单位面积剥蚀量(盐冻前后试件单位面积质量的损失)不大于 $1\,000\,g/m^2$ 时,具有抗除冰盐破坏能力。本规程只对根据设计冻融循环要求下的剥落量做了规定。

6.4.4 冻融环境下机制砂高性能混凝土的集料吸水率应符合表6.4.4的规定。

表6.4.4　冻融环境下机制砂高性能混凝土的集料吸水率要求

环境条件	集料吸水率(%)	
	机制砂	粗集料
微冻地区	≤3.5	≤3.0
寒冷地区	≤3.0	≤2.0
严寒地区		

6.4.5 冻融环境下机制砂高性能混凝土的最大水胶比和最小胶凝材料用量应符合表6.4.5的规定。

表6.4.5　冻融环境下机制砂高性能混凝土的最大水胶比和最小胶凝材料用量

冻融环境作用等级	设计使用年限			
	100年		50年	
	最大水胶比	最小胶凝材料用量(kg/m³)	最大水胶比	最小胶凝材料用量(kg/m³)
微冻条件	0.50	300	0.55	280
寒冷条件	0.45	320	0.50	300
严寒条件	0.40	340	0.45	320

6.4.6 冻融环境下,当机制砂高性能混凝土的水胶比大于0.30时,应掺入引气剂或引气型减水剂,使混凝土含气量达到3%~5%。

条文说明

掺加引气剂是提高混凝土抗冻性的有效措施,本条文对水胶比大于0.30且处于冻融环境下的机制砂高性能混凝土的含气量进行了规定。

6.5 氯盐环境混凝土配合比设计

6.5.1 氯盐环境下满足耐久性要求的混凝土强度等级不应低于C30。

6.5.2 机制砂高性能混凝土中Cl^-含量应小于胶凝材料的0.06%,并应符合现行《混凝土质量控制标准》(GB 50164)的规定。

6.5.3 氯盐环境条件可根据表6.5.3的规定分类。

表 6.5.3 氯 盐 环 境 分 类

作用等级代号	环境条件特征
L1	长期在地下水、盐湖水水下区或土中
	水中氯离子浓度不小于100mg/L且不大于500mg/L,并有干湿交替 土中氯离子浓度不小于150mg/kg且不大于750mg/kg,并有干湿交替
L2	水中氯离子浓度大于500mg/L且不大于5 000mg/L,并有干湿交替 土中氯离子浓度大于750mg/kg且不大于7 500mg/kg,并有干湿交替
L3	盐渍土地区露出地表的毛细吸附区 遭受氯盐冷冻液和氯盐化冰盐侵蚀部位
	水中氯离子浓度大于5 000mg/L,并有干湿交替 土中氯离子浓度大于7 500mg/kg,并有干湿交替

条文说明

Cl^-进入混凝土中有两种途径:一是拌制混凝土时胶凝材料、集料、外加剂和水所带进的Cl^-;二是混凝土表面的氯盐通过渗透作用进入。一般氯盐渗入混凝土是主要原因,因此,本条中对氯盐环境的规定主要是考虑第二种途径。

6.5.4 机制砂高性能混凝土抗氯盐性能应符合现行《普通混凝土长期性能和耐久性能试验方法》(GB/T 50082)的规定,以56d龄期混凝土抗氯离子扩散系数和电通量表征。对矿物掺合料掺量大于30%的混凝土,宜采用84d测试值进行评价,且应符合表6.5.4的规定。

表6.5.4 机制砂高性能混凝土抗氯离子扩散系数和电通量

评价指标	环境作用等级	设计使用年限	
		100年	50年
氯离子扩散系数 D_{RCM} ($\times 10^{-12}$ m²/s)	L1	≤7	≤10
	L2	≤5	≤8
	L3	≤3	≤4
电通量(C)	L1	≤1 000	≤1 500
	L2	≤800	≤1 000
	L3	≤800	≤800

6.5.5 氯盐环境下机制砂高性能混凝土的最大水胶比和最小胶凝材料用量应符合表6.5.5的规定。

表6.5.5 氯盐环境下机制砂高性能混凝土的最大水胶比和最小胶凝材料用量

氯盐环境	设计使用年限			
	100年		50年	
	最大水胶比	最小胶凝材料用量(kg/m³)	最大水胶比	最小胶凝材料用量(kg/m³)
L1	0.40	340	0.45	320
L2	0.36	360	0.40	340
L3	0.32	380	0.36	360

6.6 硫酸盐环境混凝土配合比设计

6.6.1 硫酸盐环境下满足耐久性要求的混凝土强度等级不应低于C30。

6.6.2 机制砂高性能混凝土所处的硫酸盐环境条件可按表6.6.2的规定分类。

表6.6.2 硫酸盐环境分类

化学侵蚀类型		作用等级代号			
		H1	H2	H3	H4
硫酸盐侵蚀	环境水中 SO_4^{2-} 含量(mg/L)	≥200 ≤600	>600 ≤3 000	>3 000 ≤6 000	>6 000
	强透水性环境土中 SO_4^{2-} 含量(mg/kg)	≥2 000 ≤3 000	>3 000 ≤12 000	>12 000 ≤24 000	>24 000
	弱透水性环境土中 SO_4^{2-} 含量(mg/kg)	≥3 000 ≤12 000	>12 000 ≤24 000	>24 000	—
硫酸盐结晶侵蚀	环境土中 SO_4^{2-} 含量(mg/kg)	—	≥2 000 ≤3 000	>3 000 ≤12 000	>12 000

注：1. 对于盐渍土地区的混凝土，埋入土中的混凝土遭受化学侵蚀；当环境多风干燥时，露出地表的毛细吸附区内的混凝土遭受盐类结晶侵蚀。
2. 对于一面接触含盐环境水（或土）而另一面临空且处于干燥或多风环境中的薄壁混凝土，接触含盐环境水（或土）的混凝土遭受化学侵蚀，临空面的混凝土遭受盐类结晶侵蚀。

6.6.3 机制砂高性能混凝土的抗硫酸盐侵蚀性试验方法应符合现行《高性能混凝土应用技术规程》(CECS 207)的规定,砂浆试件膨胀率与抗蚀系数指标应符合表 6.6.3 的规定。

表 6.6.3 硫酸盐环境下的砂浆试件膨胀率与抗蚀系数

环境作用等级	砂浆试件膨胀率	抗蚀系数
H1	>0.40 %	<1.0
H2	>0.35%,≤0.4%	≥1.0,<1.1
H3	>0.25%,≤0.35%	≥1.2,<1.3
H4	≤0.25 %	≥1.3

条文说明

《高性能混凝土应用技术规程》(CECS 207—2006)对高性能混凝土抗硫酸盐侵蚀性的评价与测试方法进行了规定,本规程结合硫酸盐侵蚀作用等级,参考引用。

6.6.4 硫酸盐环境下机制砂高性能混凝土的配制宜选用抗硫酸盐水泥或 C_3S 含量小于 55%、C_3A 含量小于 5% 的普通硅酸盐水泥,且宜提高矿渣粉、粉煤灰等矿物掺合料掺量。

条文说明

硫酸盐对混凝土的腐蚀,主要是由于硫酸盐聚集到一定浓度后,和水泥水化时生成的 $Ca(OH)_2$ 及含铝相水化产物发生反应,生成钙矾石,体积增大,造成混凝土开裂,使混凝土结构劣化失效。混凝土的抗硫酸盐侵蚀性取决于其中水泥的 C_3A 和 C_3S 含量、混凝土的水灰比以及矿物掺合料的品种、质量与数量等。因此本条文对硫酸盐环境下机制砂高性能混凝土用水泥和矿物掺合料进行了规定。

6.6.5 硫酸盐环境下机制砂高性能混凝土不宜采用石灰石质机制砂。

条文说明

为避免高硫酸盐环境下碳硫硅钙石型硫酸盐侵蚀带来的破坏,建议硫酸盐环境下采用非石灰石质机制砂。

6.6.6 硫酸盐环境下机制砂高性能混凝土的最大水胶比和最小胶凝材料用量应符合表 6.6.6 的规定。

表 6.6.6 硫酸盐环境下机制砂高性能混凝土的最大水胶比和最小胶凝材料用量

硫酸盐环境	设计使用年限			
	100 年		50 年	
	最大水胶比	最小胶凝材料用量(kg/m³)	最大水胶比	最小胶凝材料用量(kg/m³)
H1	0.50	300	0.55	280

续上表

硫酸盐环境	设计使用年限			
	100 年		50 年	
	最大水胶比	最小胶凝材料用量（kg/m³）	最大水胶比	最小胶凝材料用量（kg/m³）
H2	0.45	320	0.50	300
H3	0.40	340	0.45	320
H4	0.36	360	0.40	340

7 施工

7.1 原材料管理

7.1.1 对于公路重要基础设施工程,应根据工程设计要求增加验收批次和相应检验项目,其检验方法和检验结果应符合相应标准的规定。

7.1.2 机制砂高性能混凝土原材料进场时,应进行质量检验。检验项目与批次应符合现行《预拌混凝土》(GB/T 14902)的规定。

7.1.3 各种原材料应分类存放,并有明确的标志,标明材料名称、品种、生产厂家和生产(或进场)日期。

条文说明
　　原材料是影响机制砂高性能混凝土的重要因素,对原材料的来源、质量的监控必须严格执行,以保证机制砂高性能混凝土生产与使用过程中的质量。

7.1.4 机制砂和粗集料应堆放在具有排水功能的硬化地面上,存放时间不宜超过半年。机制砂成品干料堆料高度不宜超过5m,并应设置防雨篷,堆场四周应做好排水。

条文说明
　　机制砂和粗集料应堆放在具有排水功能的硬化地面上,以防止流水冲刷的影响;堆料高度不宜超过5m,以防止堆放过高导致机制砂离析。

7.1.5 使用机制砂、粗集料时,应准确测定因天气变化引起机制砂和粗集料含水率的变化;对袋装粉状材料应注意防潮;对液体外加剂应注意防止沉淀和分层。

条文说明
　　本条中的袋装粉状材料主要指水泥、掺合料和粉状高效减水剂。

7.2 拌制

7.2.1 机制砂高性能混凝土的拌制宜采用振动搅拌方式。不具备振动搅拌条件的,应采用双卧轴强制式搅拌机,搅拌时间宜控制在 60～120s,强度等级较高的混凝土和高流动性混凝土搅拌时间可延长 0～30s。

条文说明
振动搅拌具有降低物料间内摩擦力、减少用水量、净化粗集料、优化气相生成物质量和数量、改善传统搅拌低效区、让水泥水化更加充分等优点。采用振动搅拌方式,能保证机制砂高性能混凝土各组分混合均匀。不具备振动搅拌条件的,应采用双卧轴强制式搅拌机,在拌和时间控制上,由于混凝土原材料性能与生产条件差异较大,生产时应根据实际情况调整到适宜的拌和时间,保证拌和均匀。

7.2.2 采用电子计量系统计量原材料时,应按照施工配合比要求进行准确称量,每盘称量最大允许偏差应符合表 7.2.2 的规定。

表 7.2.2 原材料最大允许偏差

原材料	胶凝材料	化学外加剂	粗集料	机制砂	水
最大允许偏差(%)	1	1	2	2	1

条文说明
胶凝材料包括水泥和掺合料,化学外加剂包括高性能减水剂和其他化学外加剂。

7.2.3 搅拌混凝土前,应测定粗集料、机制砂的含水率,根据含水率变化调整施工配合比。

条文说明
机制砂高性能混凝土对材料的含水量比较敏感,如果砂石的含水率较高,而配合比没有相应调整的话,容易导致拌合物泌水、离析等,因此,要记录天气等相关信息,便于配合比调整以及后期的查阅。

7.2.4 化学外加剂宜采用液体外加剂,并应从混凝土用水量中扣除溶液中的水量;当采用粉剂时,应适当延长搅拌时间,延长时间不应少于 30s。

7.2.5 拌制第一盘混凝土时,宜增加 10% 的水泥和砂子用量,并保持水灰比不变,以便搅拌机挂浆。

7.3 运输

7.3.1 宜选用运输能力与混凝土搅拌机的搅拌能力相匹配的搅拌运输车。长距离运送混凝土时,不得采用机动翻斗车、手推车等工具。在混凝土拌合物的运输和浇筑过程中,严禁向混凝土拌合物中加水。

7.3.2 混凝土出机至浇筑入模之间的间隔时间不宜大于90min。当气温高于19℃时,间隔时间不宜大于60min;当气温低于10℃时,间隔时间可不大于90min。

条文说明
混凝土出机至浇筑入模之间的间隔时间不宜大于90min的规定是指常温(10~19℃)情况,实际执行时应具体情况具体对待。

7.3.3 应对运输设备采取保温隔热措施,防止局部混凝土温度升高或受冻。

7.3.4 当采用搅拌运输车运输混凝土时,在搅拌运输车到达浇筑现场时,应使搅拌罐高速旋转20~30s,再将混凝土拌合物卸出。当混凝土拌合物出料困难,可适当加入减水剂,且应对加减水剂的情况做好记录,并使搅拌罐高速旋转90s后,将混凝土拌合物卸出。

7.4 浇筑

7.4.1 混凝土浇筑时的自由倾落高度不宜大于2m;当自由倾落高度大于2m时,应采用滑槽、串筒、漏斗等器具辅助输送混凝土,保证混凝土不出现分层离析现象。

7.4.2 采用混凝土泵输送混凝土时,应符合现行《混凝土泵送施工技术规程》(JGJ/T 10)的规定。

7.4.3 高温天气施工时,宜在傍晚和夜间浇筑混凝土,日间施工时,应采取遮阳措施,保证混凝土入模前模板和钢筋的温度不超过30℃。

7.4.4 高温施工时,混凝土入模温度不宜超过30℃;冬季施工时,混凝土入模温度不宜低于5℃。降雨、降雪期间施工,不宜露天浇筑混凝土。

7.4.5 在相对湿度较小、风速较大的环境下浇筑混凝土时,应采取适当挡风措施,并避免浇筑有较大暴露面积的构件。

条文说明

高温、大风都对混凝土凝结硬化不利。混凝土入模前,模板和钢筋的温度过高会使混凝土内部温度升高,从而产生较大的温度应力,对混凝土结构不利;大风容易使混凝土水分挥发,不利于水泥的进一步水化。因此,条文7.4.3~7.4.5规定了高温、低温时混凝土入模温度以及大风时浇筑混凝土的相应防护措施。

7.4.6 新浇筑混凝土与邻接的已硬化混凝土或岩土介质间浇筑时的温差不得大于15℃。

7.5 振捣

7.5.1 机制砂高性能混凝土的振捣应按事先规定的工艺路线和方式进行,每点的振捣时间不宜超过30s,以表面呈平坦泛浆为准,避免过振。

7.5.2 当采用插入式振动棒振捣混凝土时,宜采用垂直点振方式振捣,插入间距不应大于棒的振动作用半径的一倍。连续多层浇筑时,插入式振动棒应插入下层混凝土拌合物约5cm。

条文说明

振捣应保证将混凝土振捣密实,不得漏振,也不得过振,泵送机制砂高性能混凝土过振易流化分层。

7.6 养生

7.6.1 机制砂高性能混凝土应加强早期养生,及时覆盖或喷洒养生剂,并在终凝后进行洒水养生;立面施工时应在浇筑24~48h后略微松开模板,并浇水养生。

条文说明

混凝土浇筑成型后,由于水泥的水化作用,逐渐开始凝结硬化。当空气中相对湿度较小时,混凝土中的水分就会不断地蒸发,造成混凝土由表到里逐渐脱水(失水),极易产生干燥收缩裂缝。同时,失水过多还会阻滞混凝土的继续硬化甚至停止硬化。为使混凝土有适宜的硬化条件,使强度不断增长,避免发生干燥收缩裂缝,应采取一定措施对混凝土进行养生。

7.6.2 机制砂高性能混凝土带模期间,暴露面宜采取覆盖、浇水、喷淋洒水等措施进行保湿养生。

条文说明

机制砂高性能混凝土的养生方式可根据实际情况进行选择,但需保证混凝土处于有利于硬化的湿度环境中。

7.6.3 机制砂高性能混凝土拆模时间应在混凝土抗压强度不小于10MPa之后,拆模后应继续进行潮湿养生,养生时间应符合表7.6.3的规定。

表7.6.3 不同混凝土潮湿养生的最低期限

混凝土类型	水胶比	非干燥大气环境($RH \geq 50\%$),无风,无阳光直射		干燥大气环境($RH < 50\%$),有风或阳光直射	
		日平均气温 T(℃)	养生期限(d)	日平均气温 T(℃)	养生期限(d)
胶凝材料中掺有矿物掺合料	>0.45	$5 \leq T < 10$ $10 \leq T < 20$ $T \geq 20$	21 14 10	$5 \leq T < 10$ $10 \leq T < 20$ $T \geq 20$	28 21 14
	≤0.45	$5 \leq T < 10$ $10 \leq T < 20$ $T \geq 20$	14 10 7	$5 \leq T < 10$ $10 \leq T < 20$ $T \geq 20$	21 14 10
胶凝材料中未掺矿物掺合料	>0.45	$5 \leq T < 10$ $10 \leq T < 20$ $T \geq 20$	14 10 7	$5 \leq T < 10$ $10 \leq T < 20$ $T \geq 20$	21 14 10
	≤0.45	$5 \leq T < 10$ $10 \leq T < 20$ $T \geq 20$	10 7 7	$5 \leq T < 10$ $10 \leq T < 20$ $T \geq 20$	14 10 7

7.6.4 当气温低于5℃时,应采取保温养护的措施,不得向混凝土表面洒水。

7.6.5 严禁采用海水或含有有害物质的水进行养生。

7.6.6 机制砂高性能混凝土采用喷涂养生剂养生时,采用的养生剂及其工艺应符合现行《水泥混凝土养护剂》(JC 901)的规定。

7.6.7 机制砂高性能混凝土构件蒸汽养生时,可分静停、升温、恒温、降温四个阶段。成型后静停期为4~6h;升温期升温速度不宜大于15℃/h;恒温期间混凝土内部温度不宜超过60℃;降温期降温速度不宜大于10℃/h,降至室温后应保持持续养生。

8 质量检验与验收

8.0.1 机制砂的质量检验应符合现行《公路工程 水泥混凝土用机制砂》(JT/T 819)的规定。

8.0.2 机制砂高性能混凝土质量控制应符合现行《混凝土质量控制标准》(GB 50164)的规定。

8.0.3 公路桥涵机制砂高性能混凝土质量检验尚应符合现行《公路桥涵施工技术规范》(JTG/T F50)的规定。

8.0.4 公路隧道机制砂高性能混凝土质量检验尚应符合现行《公路隧道施工技术规范》(JTG F60)的规定。

8.0.5 路面机制砂高性能混凝土质量检验尚应符合现行《公路水泥混凝土路面施工技术细则》(JTG/T F30)的规定。

8.0.6 机制砂高性能混凝土强度检验评定应符合现行《公路工程质量检验评定标准 第一册 土建工程》(JTG F80/1)的规定。

8.0.7 机制砂高性能混凝土耐久性检验评定应符合现行《公路桥涵用耐久混凝土》(JT/T 985)的规定。

8.0.8 机制砂高性能混凝土结构工程施工及验收应符合现行《公路工程质量检验评定标准 第一册 土建工程》(JTG F80/1)的规定。

附录 A 机制砂高性能混凝土集料碱活性检验与抑制技术措施

A.1 试验方法和检验规则

A.1.1 应对集料进行碱-硅酸活性和碱-碳酸盐活性检验。

A.1.2 碱-硅酸活性和碱-碳酸盐活性试验方法和检验规则应按现行《普通混凝土用砂、石质量及检验方法标准》(JGJ 52)的规定执行。

A.1.3 水泥、矿物掺合料、外加剂和水中碱含量的试验方法和检验规则应分别按现行《水泥化学分析方法》(GB/T 176)、《混凝土外加剂匀质性试验方法》(GB/T 8077)和《混凝土用水标准》(JGJ 63)的规定执行。

A.2 技术措施

A.2.1 机制砂高性能混凝土不得使用具有碱-碳酸盐反应活性的集料;当集料存在碱-硅酸反应活性时,必须经过专门抑制碱-集料反应试验验证并通过专家论证后方可使用。

A.2.2 水泥碱含量不宜大于0.6%,不得大于0.8%。优先采用碱含量小于1.5%,且符合本规程第4.4.1条要求的粉煤灰等量代替水泥,掺量宜小于或等于30%。混凝土用水中的碱含量不得大于1 500mg/L。

A.2.3 应计算混凝土中的碱含量,并列入配合比设计文件,按本规程6.2节规定进行配合比设计。当集料存在碱-集料反应活性时,混凝土碱含量应符合本规程表 A 的规定。

A.2.4 宜选用引气型聚羧酸高效减水剂。

A.2.5 当集料存在碱-硅酸反应活性时,应掺入粉煤灰、沸石、矿渣、硅粉等掺合料或其中二种或三种复合的掺合料。

表A 混凝土最大碱含量（kg/m³）

工程结构类别		特殊结构	100年	50年
环境条件	干燥环境	3.0	3.5	不限制
	潮湿环境	2.1	3.0	3.5
	含碱环境	*	*	3.0

注：1. *号表示混凝土必须采用非碱活性集料。
2. 混凝土的总碱含量包括水泥、掺合料、外加剂、集料及水的碱含量之和。其中，矿物掺合料的碱含量以其所含可溶性碱计算。粉煤灰的可溶性碱含量取粉煤灰总碱含量的1/6，矿渣的可溶性碱含量取矿渣总碱含量的1/2，硅灰的可溶性碱含量取硅灰总碱含量的1/2。
3. 特殊结构是指不允许发生开裂的混凝土结构。
4. 干燥环境是指不直接与水接触，年平均空气相对湿度长期小于75%的环境；潮湿环境是指长期处于水下或潮湿土中、干湿交替区、水位变化区以及年平均相对湿度大于75%的环境；含碱环境是指直接与海水、钠（钾）含碱工业废水或钠（钾）盐等接触的环境；干燥环境或潮湿环境与含碱环境交替变化时，均按含碱环境对待。
5. 处于含碱环境中的设计使用寿命为50年的混凝土结构，在限制混凝土碱含量的同时，应对混凝土表面作防水、防碱涂层处理，否则应换用非碱活性集料。

A.2.6 抑制碱-集料反应有效性方法应按现行《公路工程集料试验规程》（JTG E42）的规定执行。当对砂浆棒法有疑义时，宜采用小混凝土柱法检验抑制效果并决定矿物掺合料掺量，小混凝土柱法检验方法应按现行《普通混凝土长期性能和耐久性能试验方法标准》（GB/T 50082）的规定执行。

附录 B 球体类似度测试方法

B.0.1 本方法适用于测试机制砂球体类似度。

B.0.2 试验设备。
1 相机:光学放大倍数宜为 5~10 倍。
2 数字图像处理软件:可进行照片预处理,并将数码图像转变成二值化图形,以获取图形面积和最小外接圆直径。

B.0.3 试样选取。
1 同一批机制砂应分别对 1.18~2.36 mm 和 2.36~4.75 mm 两个级配进行测试,每个级配选取 10 粒机制砂颗粒进行测试。
2 每个机制砂颗粒采集 4 个及以上随机方向上的投影图形。

B.0.4 试验方法。
1 同一粒机制砂利用数码相机获取不同空间方向上的机制砂颗粒的投影图像,如图 B 所示。

图 B 将机制砂颗粒数码图像处理为二值化图形

2 使用数字图像处理软件将同一粒机制砂颗粒的投影图像处理为二值化图形,获取图形面积与最小外接圆直径。

3 同一生产批次的不同机制砂颗粒的二值化图形面积和最小外接圆直径可通过重复本规程第 B.0.4 条步骤 1 和步骤 2 逐粒测试计算得到。

4 不同生产批次的机制砂颗粒的二值化图形面积和最小外接圆直径可重复本规程第 B.0.4 条步骤 1~3 测试计算得出。

B.0.5 机制砂球体类似度计算。

1 机制砂圆形度定义为同一机制砂颗粒投影面积与其最小外接圆面积之比。第 i 颗机制砂颗粒圆形度按式(B.0.5-1)计算。

$$Y_i = \frac{4G_i}{\pi L_i^2} \quad (B.0.5-1)$$

式中：Y_i——第 i 颗机制砂颗粒圆形度；

G_i——第 i 颗机制砂颗粒的投影面积；

L_i——第 i 颗机制砂颗粒最大粒径长度。

2 第 i 颗机制砂颗粒的球体类似度按式(B.0.5-2)计算。

$$Q_i = \left(\frac{\Sigma Y_i}{n}\right)^{\frac{3}{2}} \quad (B.0.5-2)$$

式中：Q_i——第 i 颗机制砂颗粒的球体类似度；

n——空间投影方向总数。

3 同一批次机制砂的球体类似度按式(B.0.5-3)计算。

$$Q = \frac{\Sigma Q_i}{N} \quad (B.0.5-3)$$

式中：Q——同一批次机制砂的球体类似度；

N——机制砂颗粒总数。

本规程用词用语说明

1 为便于在执行本规程条文时区别对待,对要求严格程度不同的用词说明如下:

1)表示很严格,非这样做不可的:

正面词采用"必须",反面词采用"严禁"。

2)表示严格,在正常情况下均应这样做的:

正面词采用"应",反面词采用"不应"或"不得"。

3)表示允许稍有选择,在条件许可时首先应这样做的:

正面词采用"宜",反面词采用"不宜"。

4)表示有选择,在一定条件下可以这样做的,采用"可"。

2 条文中指定按其他有关标准执行的写法为"应按……执行"或"应符合……的规定"。